MW01118133

©JournalsForYou

Made in the USA
Monee, IL
27 December 2020

55746559R00066